Foi de Quaker à l'huile d'olive

DIVAGATIONS THÉOLOGIQUES
D'UN CHRÉTIEN PRIMITIF

Eric Callcut

LUC
EDITIONS

Foi de Quaker à l'huile d'olive

DIVAGATIONS THÉOLOGIQUES D'UN CHRÉTIEN PRIMITIF

ISBN : 979-10-91859-09-7

ÉDITEUR ORIGINAL
Luc Editions, 2015

Luc Editions
4 rue des Lilas
14 780 Lion sur Mer, France

LucEditions@mailoo.org

COUVERTURE, ILLUSTRATIONS ET MISE EN PAGE
Agnès Kauffmann

ILLUSTRATIONS (p.46, 47 et 103)
Léolo Callcut

POUR NOS AUTRES PUBLICATIONS
voir la fin de ce volume
ou bien consulter notre site :

www.LucEditions.com

En paix

La Société religieuse des Amis - mieux connue sous le nom des Quakers - est née au XVIIe siècle en Angleterre, à partir de diverses mouvances de dissidence et de contestation. Les Quakers furent parmi les premiers à reconnaître l'égalité des femmes et des enfants. L'engagement militant en faveur de la justice sociale, économique et religieuse fut une conséquence incontournable de leur foi. Ils furent précurseurs dans la lutte contre l'esclavagisme. Ils refusèrent dès les premiers temps à porter les armes. Des Quakers ont été à l'origine de Greenpeace, d'Amnesty International et de l'Acat (Action chrétienne pour l'abolition de la torture et de la peine de mort). Les concepts: «prisonnier de conscience» et «service civil» sont tous deux nés de Quakers. En 1947, deux organisations quakers ont reçu le Prix Nobel de la Paix, pour leur action en faveur de la paix et de la réconciliation des peuples, suite aux deux guerres mondiales.
Leurs assemblées (ou cultes) sont ancrées dans un silence expectatif. Quoique de tradition résolument chrétienne, tous y sont les bienvenus: agnostiques, athées ou provenant d'autres religions.
Depuis leurs origines, les Quakers n'ont ni credo ni structure hiérarchique.

Passeur

Dieu-Mère, Dieu-Père
Dieu-Danse
Tu es grand
Tu es couleur
Tu es vie
Tu es joie
Tu es toucher
Tu es nu
Tu es source
Infiniment accessible

Que je me remplisse de Toi plus grand que moi
Que j'entre dans Ta danse
Que je devienne tutoyeur de Dieu

Que je devienne Ton passeur
Rond et coupant et drôle et puissant
Comme tu me façonnes

Que je devienne Ton passeur
Comme Tu me façonnes.

Dieu me dit

Dieu me parla
Dieu me dit

Tu as raison d'être en colère

Mais viens avec moi
Parcours la Création

Es-tu encore capable d'admirer ?

La Vérité

Oui, il existe la Vérité
Elle n'appartient pas aux chrétiens.
Elle n'appartient à aucun homme,
aucune femme, aucune croyance
Chaque homme, chaque femme en est partie

La Vérité est innommable
Elle est mystère : infiniment connaissable
La Vérité est vitale
Elle est incompatible avec la violence
La Vérité est Vie

Elle est naissance, voie, mort, naissance
Elle est l'infini de l'autre
Elle est l'éternité déchirante
dans chaque organisme vivant
Elle est le respect absolu, bien au-delà du partisan
Elle est la Justice primordiale, évidente

Les vérités sont discutables, relatives
Ont un début et une fin
La Vérité est éternelle et irréfutable
Elle est connue et reconnue
De tous ceux et toutes celles
Qui sont
Qui étaient
Et qui viennent.

Déçu

Tu es déçu

Tu voudrais que Dieu te donne le fruit
Et il te donne la graine

Alors, tu es déçu

Tu as tort

Un -isme

Le christianisme n'est pas un -isme

Ce n'est pas une appartenance
Incluant certains
Excluant d'autres

Le christianisme n'est pas un club
Ni un système

Le christianisme est une voie
Sur laquelle nous ne nous tenons
que rarement les deux pieds joints

Le christianisme
est un chemin que nous suivons
Quittons
Fuyons
Rejoignons...
Peut-être

Chaque chrétien qui, sans nuance,
s'annonce chrétien
S'est quelque peu
Fourvoyé

Même Jésus n'était pas chrétien
Car
À son époque
Cela n'existait pas.

Ma place

Je suis quelque chose
que tu n'es pas
Tu es quelque chose
que je ne suis pas

Je suis unique et essentiel
Mais je dois
occuper ma place

Sinon qui l'occupera ?

Rencontrer Dieu

L'empreinte de Dieu me colle à la peau
Si proche
Que je n'y vois rien

Je m'efforce de me doucher de Toi
Je m'efforce de Te dissoudre
à la transpiration de mon affairement

Je voudrais Te prendre, T'empocher
Te manger, Te boire, Te fumer - pour de bon
T'acheter, Dieu
T'acheter
T'investir
Te placer sur un compte d'épargne à 2%

Mais Tu me touches
Donc je suis.

L'espace entre mes doigts

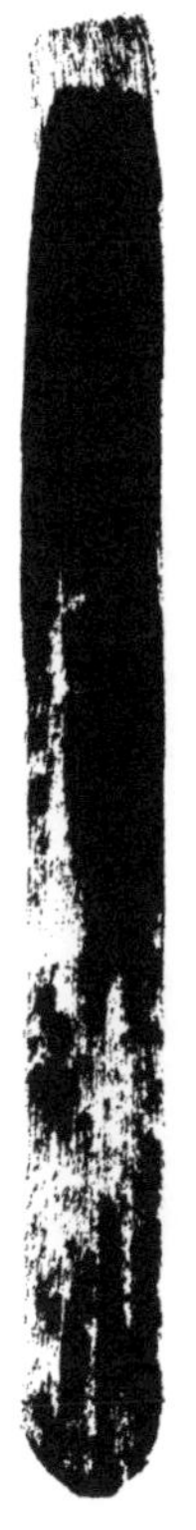

La vie n'est-elle que mort
Éloigné de Toi ?
Comme mon esprit mort est lourd

Je suis toxico-dépendant à la mort
Évoluant dans le nuit des acquisitions
Des ce-que-l'on-me doit
Je mérite cela
Je mérite plus

Tout est déjà là
Tout est dans l'espace entre mes doigts
Surtout Toi
Tu es dans l'espace entre mes doigts

Mon poing fermé
Tu Te fais tout petit
Afin de m'échapper encore.

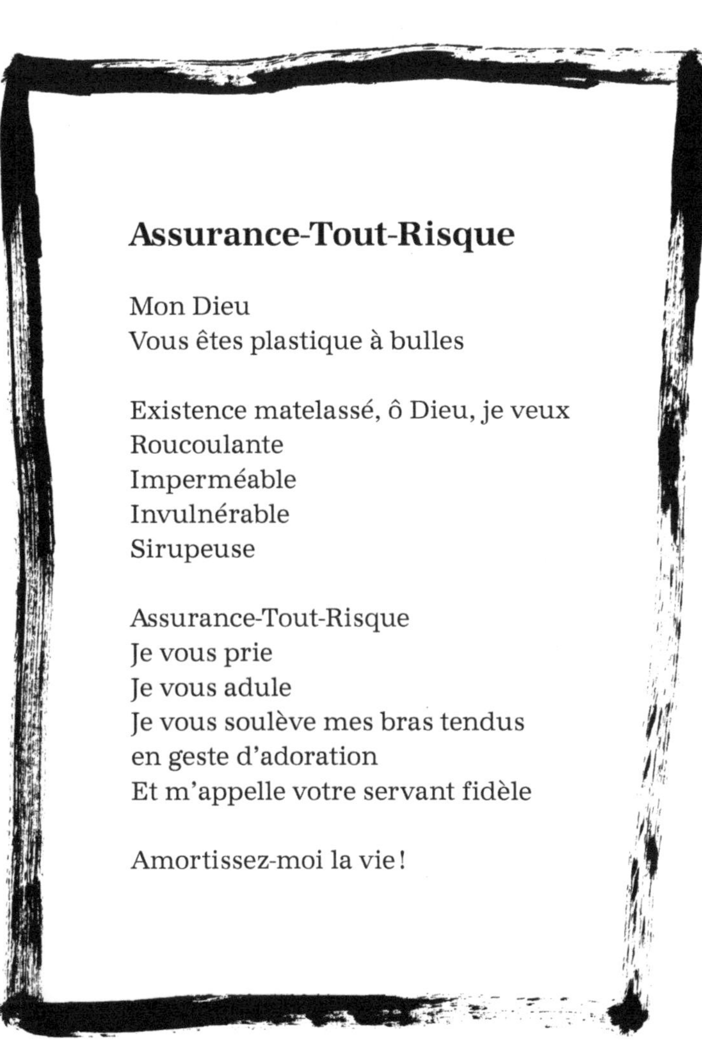

Assurance-Tout-Risque

Mon Dieu
Vous êtes plastique à bulles

Existence matelassé, ô Dieu, je veux
Roucoulante
Imperméable
Invulnérable
Sirupeuse

Assurance-Tout-Risque
Je vous prie
Je vous adule
Je vous soulève mes bras tendus
en geste d'adoration
Et m'appelle votre servant fidèle

Amortissez-moi la vie !

Explose mon petit coeur

Dieu, explose mon petit coeur
Que je puisse Te répandre
Te saisir et T'envoyer
Écrabouille à tout jamais mon sentiment
de Ton appartenance à moi
Un monstre d'arrogance que suis-je
Un monstre terrifié,
tétanisé, titubant, pathétique
Aimé.

Le Christ

Christ n’est pas le nom de
famille de Jésus, c’est son titre :
L’oint, le surligné de Dieu

Le Christ est en nous

Un flux qui est présent en toi
Est identique au flux présent en moi
Un danser
Ce flux présent en moi est identique au flux
présent dans chaque musulman,
chaque agnostique, chaque sikh

J'ai en moi et tu as en toi
Le même flux
Le même Christ
Qui était en Jésus

Ce Christ existe depuis le début des temps
Et jusqu'à la fin des temps.

Aimé ?!

Aimé ?!
Comment
pourrais-je
le croire
puisque
je ne suis
aimé
de moi

Aimé ?!
À travers mes
poings
Ma porte
chaînée

J'y croirai
demain
Ou à ma
retraite
J'aurai
le temps d'être
aimé
à la retraite
C'est connu

Pas
aujourd'hui
Pas
maintenant
J'ai à faire
Autrement
plus essentiel
Que de
me laisser
aimer
Voyons !

Dieu jaloux

Dieu jaloux
Dieu jaloux. Amant jaloux.
Maîtresse exclusive

Je serai libre
Entièrement libre
Intégralement libre

D'une perméabilité terrifiante à Toi

Ou bien je serai en enfer

Les deux sont souffrance
Oh oui ! J'en suis convaincu
Les deux sont souffrance.

Une lumière pour Tes amants infidèles

Il existe mé-donne,
mé-compréhension,
mé-expectative,
mé-à peu près tout,
Dieu.
Entre nous.
Ce n'est pas pour Te vexer
mais nous ne parlons pas
le même langage ;
et puisque nos capacités à nous
d'adaptation et d'apprentissage
de langues étrangères
sont relativement limitées,
et les Tiennes, non,
c'est pour le coup évident
que c'est à Toi de faire l'effort.
Davantage.

Oui, oui, je Te vois venir : Tu fais déjà l'effort ! Oui, mais plus, il nous en faut plus ; car on n'a qu'à zieuter à droite à gauche – très brièvement, ça suffit – pour se rendre compte que nous au moins, on ne Te comprends pas !

Bon, le paradis ce n'est pas pour plus tard... Ça, on l'a pigé.
Le Royaume des Cieux est parmi nous, en train de ronfler, parmi nous, autour de nous, sur le palier d'en face, dans mes chaussettes et dans mon assiette... Maintenant... Et pas plus tard.

O.K.

Mais ça ne nous va pas!
Comment Te le dire?...

Je sais très bien que Tu as raison
En principe.

Je voudrais aimer mon voisin
mais je ne l'aime pas
Je voudrais m'aimer
mais je ne m'aime pas
L'un va avec l'autre sans doute.

Je voudrais la non-violence
Mais quelques gifles ou coups
de pied bien placés?

Je voudrais être courageux
et je suis paresseux
Je voudrais être courageux
et je suis déserteur.
Déserteur.
Cherche-moi, Dieu,
à mille miles du combat.
J'y serai. Tu le sais, Tu y es déjà.

Je voudrais être là dans Ta tente
qui pue la chèvre
À la place, je suis dans un 4 ****
en Thaïlande.

Lumière! Lumière pour Tes amants infidèles
Je ne Te vois pas

Je ne Te cherche pas, soit
Je ne Te cherche pas : je ne Te vois pas
Mais je Te cherche : je ne Te vois pas non plus

Je ne parviens pas à être seul en Toi
Seul, je le suis, cherchant
une compagnie incertaine
Un sens précaire
Mais seul en Toi...
Ta liberté écorche

Pire qu'un huissier
Tu ouvres en grand les fenêtres
de mon bunker
De ma routine tuante

Et tu délestes
Tout.

Saint retournement

Dieu est entre nos mains.

Sœur Myriam
Diaconesse de Reuilly

Le clergé

Le christianisme n’est pas une histoire
de popes, de prêtres ou de pasteurs

Cependant, le christianisme est une
histoire de relation, de communauté,
de communion

En cela les popes, prêtres et pasteurs
peuvent servir d’organisateurs
De facilitateurs, de fonctionnaires
Des structures humaines que
sont les Églises

Dédiant leur vie à la communauté
qui est la leur et au charisme
qu’on leur espère
Les popes, prêtres et pasteurs
sembleraient idéalement placés
pour devenir
Des guides, des maîtres sages, des rabbis
Au service de l’avancée en Dieu
De leur communauté de cheminants

Cela n’est pas courant
– le contraire se saurait –
Mais lorsque ce mariage advient
Où charisme personnel
rencontre besoin sociétal
sans étouffement ecclésial
En résulte une perle à grand prix.

Les choses au point

Un chrétien
Ne loue pas
Jésus

Il le suit.

Silence

Silence

Ennemi des platitudes.

Dieu est grand

Dieu est tellement grand
Qu'il est partout

Dieu est tellement petit
Qu'il est dans tout

Dieu aime tout le monde
Absolument tout le monde

Dieu est bon pour la santé.

L., 5 ans

Dans ma ténèbre

Je suis Ta main, je suis Ta bouche
Je cherche moi-même
à m'emprisonner :
chrétien, juif, musulman...
Alors que Tu es liberté
sans enclaves
Dieu-Créateur du Monde,
Dieu de Tous,
y compris de ceux
qui ne Te veulent pas
Comme nous ne Te voulons pas,
tous

Je Te veux et je fuis
L'univers tout entier est un pont
très étroit - l'essentiel est de ne pas
avoir peur du tout
Pourquoi stagné-je dans ma
ténèbre ? Pourquoi ?

Ta lumière dissèque
Nu, je ne veux pas l'être :
devant Toi,
ni devant les hommes
Quoi ?! Je n'aurais pas créé
le monde, moi ?
Je n'aurais rien fait,
mis à part l'obstruer ?
Je suis Ta lumière
et je suis l'achoppement
à Ta lumière
Et je suis davantage
l'achoppement que...
je ne suis Toi

Mon stylo est-il le Tien ?
Le bic, Tu me l'offris,
mais qu'en fis-je ?
Dieu de l'univers, sauve-moi
Dieu de l'univers,
rends-moi ma vie que j'ai ôtée
Trois jours sont courts ;
Tu es bon
Mais oui, le temps passe.

Écouter Dieu

Tout ce qui peut
se dire sur Dieu
Se rapproche davantage
du blasphème
Que de la vérité

Dieu se rencontrera
davantage
Au sein du silence
de notre cœur
L'émerveillement
de notre joie
Ou le tragique
de notre souffrance
Que par quelque
bla-bla qui soit

C'est d'ailleurs
pour cela
Que Dieu nous a donné
deux oreilles
Et une seule bouche
Pour que nous écoutions
Deux fois plus
que nous ne parlions

Nous nous approchons
de Dieu
Du Christ
Davantage
En riant à gorge
déployée
En dansant
En pleurant
En dormant
En jouant au foot
avec d'autres gavroches
En faisant l'amour

Qu'en récitant une
confession de foi.

Sans nom

Je ne T'ai plus nommé

Infiniment Un
Infiniment Maîtresse
Plus

J'aurais pu peindre Tes lettres en doré
Je l'ai fait
Mais Tu étais dans le blanc
entre les lettres
Entre les mots
Tu étais dans le silence
Entre les paroles,
entre les notes
Tu étais dans le doute
entre les certitudes

Je me suis tu
Et je T'ai murmuré les syllabes respirées
De Ton nom infini.

Je trahis mes journées

Je trahis mes journées
Mon temps alloué
Ô combien, je
voudrais ne plus
trahir le temps que
Tu m'attribues

La honte cuisante,
le jour du
jugement dernier
En chiffrant le
nombre de mes heures
jetées en l'air
Obscénité que celles
jonchées au trottoir
Je fuis ma destinée
comme la peste
Ma destinée
d'homme libre
D'homme ressentant
D'homme aiguisé
D'homme
capturé par Toi
D'homme
soumis à Toi

Au bas mot
Un milliard
de secondes
passées à T'éviter
En un instant
Tu m'écartèles.

Pénètre-moi

Le jour, je Te
maintiens là-haut,
là-bas, là-autre
Avec force, avec
génie, avec infinie
invention !
Tel un général
brillant, miteux...

Mais la véritable journée
débute le soir
Éternel-Dieu,
utilise mon abandon
de la nuit

Pénètre mes défenses
délaissées
Profite de moi, viole-moi
Pétris et enfourne mes
expériences de
la journée-domestiquée

Émiette et composte
mes planifications
de demain

Aide-moi,
travaille pour moi
Profite de moi,

pénètre-moi

Moi en Toi
et Toi en moi

Que je me pointe
de plus en plus
tardivement
à mon service
matinal.

Fraternité

Je tolère les femmes

Qui serait satisfait de cette
déclaration ?

Je tolère l'indiscipline dans ma classe
Je tolère la pauvreté dans le monde
Je tolère le bruit
Je tolère la douleur
Je tolère l'inexactitude
Je tolère le handicap

Je tolère les femmes
Je tolère ma femme

La tolérance est portée
aux proues du modernisme
De l'humanisme
Du séculaire

Nous nous flattons d'être tolérants

Tolérants des musulmans
Tolérants des immigrés
Tolérants des homosexuels

Érigeons une large statue en marbre
À l'honneur de la tolérance
- de la Tolérance

Nous tolérons qu'ils
soient musulmans
Pauvres imbéciles égarés
Nous tolérons qu'ils pratiquent
ici chez nous et même qu'ils
se reproduisent
Ils finiront par comprendre
qu'il vaut mieux nous ressembler,
mais en attendant...

Tolérance
Égalité
Liberté
Mots pièges
Mots traîtres
Mots délicatement empoisonnés

L'écharde de ta lumière s'emboîte
Dans l'écharde de ma lumière
Ma lumière est sœur de la tienne
Ta lumière intérieure provient
de la même Centrale que la mienne
Nous sommes enfants de la
même Source
Sœurs et frères

Fraternité

Je ne peux que t'aimer
Je ne peux que l'aimer, lui et elle

Sinon je me tue à feu doux.

Germiner

Je dois Te paterner
Je dois T'enfanter
C'est par moi que Tu peux
prendre corps dans ce monde
Et je ne nais (réellement)
que lorsque je T'enfante
Ma vérité, ma vie, dépendent
inextricablement de Toi

Quand j'accouche de Toi
Tu peux naître à nous
Avec nous
À côté de nous
J'accouche de la Force du monde
Tu germines en moi comme
je germine en Toi
Je vis en fleurs en Toi ou
je suis branche morte.

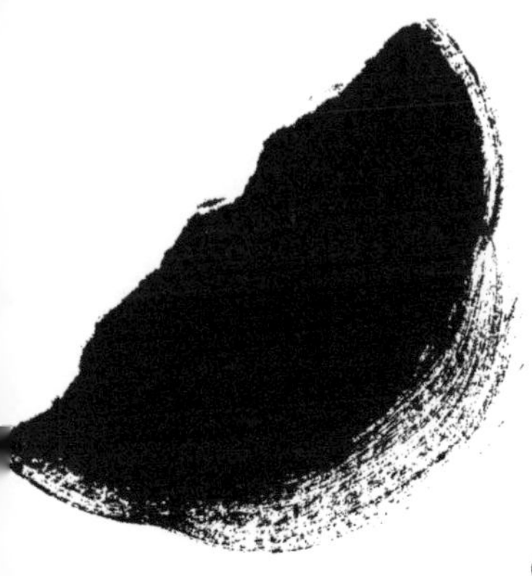

Marie

Les bêtises érigées par l'Eglise
autour de Marie
Et qui ne sont pas dans le texte
L'ont été pour l'éloigner de nous
Et
Par la même occasion
T'éloigner

Marie
Humaine
Adolescente
Maman
Tu avais 13 ou 15 ans
Tu avais peur
Et tu as accouché de Toi
Toi, bébé
Et tu T'as enveloppé de langes
Car Tu Te souillais

Myriam
Amertume
Amère la trahison de ton Eglise
Pourtant tu danses
Gracieuse.

Je, cheminant

Je, cheminant
Vers la Présence Divine

Les chemins sont infinis
Tous sont les meilleurs
Sauf un : la précipitation

La Présence Divine est Une

Les chemins sont en la Présence
Divine

Les chemins milliards et uniques
N'aboutissant jamais définitivement
Car la Présence Divine est
Indéfiniment
Connaissable.

Le rien qui est

Endurer
le silence
La nudité
révélée

Endurer
Ton silence
Absence

Endurer
le Rien qui est
Savoir les
choses perdues

Une plaine
immense
Désertique
Sans abri

Cinglé
par les feux
imparfaits

Ma peau
n'est plus
Et je tremble.

SAV

Souffrance au sein de la vérité
terrifiante du monde
Voilà ce que Tu nous promets

Tu me permettras de déguerpir...
Un petit milliard de fois

Un BTS en marketing,
Tu ne l'obtiendrais pas
La Fnac Te bat à plates coutures
Mais le SAV n'y est pas

Le SAV de Dieu
Le seul vrai SAV à vie
Et même après

Homme libre, Tu mourus assassiné
Dieu, homme en Dieu,
tu mourus abandonné
Nous naissons avec Ta garantie
Nous ne l'avons jamais payée
Mais putain, qu'est-ce qu'elle nous
revient cher !

Crucifiés

Tu me crucifies
Mes poings sont sclérosés,
ils n'opèrent plus
Tu me crucifies

Ouvre mes paumes –
au son de mes hurlements
Avant de me pénétrer
Me clouer
Pointes en métal
Pieux en bois

J'eus voulu être le diable du cinéma
Souple de corps et beau
Fourbe, rapide et intelligent
Je ne vis que le seul enfer qui existe :
La froideur du désespoir

Le cri, ce n'est pas le diable
qui me l'extorque
C'est Toi.

Angle mort

Tu es sur le
bord de toutes choses
À me chercher
Je lutte sur les horizons
de ma vie
Et non au centre
Je lutte avec mes frères
Et non avec Toi

Pourquoi es-Tu si
absurde, si inefficace ?
Je voudrais
T'empoigner au cœur
Mais je n'ai pas la foi
Je voudrais crier,
hurler contre Toi
Mais je n'ai pas la foi

Dans un film
en noir et blanc
À travers rues obscures
et désertes
J'imagine Tes pas
qui me suivent
Je me retourne pour tirer
Mais je n'aperçois
que jeu d'ombres

Fais quelque chose!
Laisse-moi crever
Mais ne laisse pas
crever mon enfant
Ne le laisse pas souffrir

Bâtard, je T'arracherais
les yeux.

Témoin

Métal purifié
Ton objectif

Je me souille dans la souillure
de ma fuite souillante
L'aveuglant éclat de la neige
Impossible brise légère
Plume qui virevolte

Silence empli
Fleur parfaite, patiente
Je ne sais pas danser - pathétique excuse

Du sang blanc parcourt mes veines
Du sang arctique, éblouissant, sans tache
Glaciers nantis d'étincelles infinies

Présent, là
Mon ami, mon ennemi
Mon essence, ma brûlure
Torrent incandescent
Lave espionne
Témoin.

Le baptême

Le baptême est une belle cérémonie
Qui permet de réunir la famille

Tant que le baptême n'implique
qu'une certaine quantité
D'eau et de dragées
Il n'est que cela :
Cérémonie
Tradition
Rite humain d'appartenance
à un club

Le baptême par le Souffle Divin
Non programmé celui-ci
Explose les barrières blindées
de l'être conformé

Il ne nécessite
Ni eau
Ni clerc d'église

Il érode parfaitement
La phrase :
Nous, les baptisés...

La manne

J'ai faim

Viens, Je te nourris

J'ai faim

Viens, je te nourris

Donne m'en un peu plus.
Ainsi, Tu ne seras pas obligé de T'en occuper demain

Mais J'ai envie de M'en occuper demain

J'ai faim

Viens, je te nourris

Cela me gêne de Te demander chaque jour
...
Et puis j'ai peur que Tu oublies
...
Ou que Tu sois occupé
...
Tu as tellement de choses
plus importantes à T'occuper
...

J'en mettrai un peu de côté,
mieux vaut être prévenant
...
Comme cela je pourrai en vendre à mon voisin
qui en a besoin
...
Et cela me libèrera pour les choses essentielles
...
Je Te louerai !

Relation

Jésus Christ n'est pas immobilier
N'est pas entreprise
Il n'est pas legs
Ni règlement intérieur

Ses trois syllabes ne sont pas slogan
Ne vendent aucun produit
Homologué

Jésus Christ est relation
Il n'est pas idée.

Gardiens du temple

Nos maisons sont des musées
Et nous sommes leurs gardiens

Nos maisons sont des tombes
Nos objets-sarcophages
nous enterrent

Je suis mort ayant refusé la vie

J'ai peur de me retrouver seul avec le
Dieu-Jaloux

Aux armes, citoyens!
Venez à moi!
Ne me laissez pas seul
Ne quittez pas ma prison
J'ai déféqué sur la poignée
J'ai obstrué la porte
Fondez-vous en ma solitude
Gluons-nous
Ne passez pas votre chemin!

Ne me rappelez pas que je suis décédé
Ne me faites pas ça
N'attisez pas ma douleur
Je parviens par instants à oublier qu'elle est

Secourez-moi de Dieu!

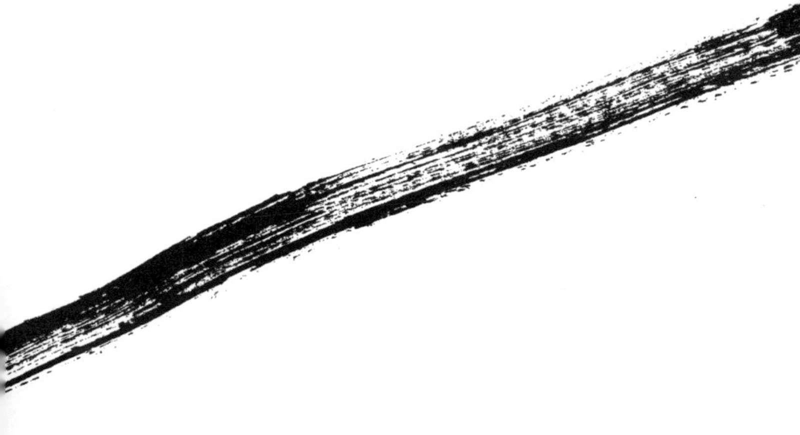

Toute-puissance

As-Tu déjà utilisé ce mot ?
« Toute-puissance »
Je ne crois pas
C'est à moi de naviguer le mal
Sans me lobotomiser
Avec Ta toute-puissance

Et la prière sert-elle ?
Certainement pas celle qui Te
quémande quelque chose
« Demandez en mon nom
et il vous sera donné »
Bullshit

En relation
Être en relation
Je partage ce que Tu savais déjà
Mais ainsi je m'expose – je le choisis
Petite barque dans une mer de peines
Vaut mieux que paquebot
En Te priant,
je largue mes plaques en fonte
Et j'ai beaucoup plus peur
Mais je le sais

Je navigue seul
Sous Ton regard
Aimant

Ou bien je navigue seul.

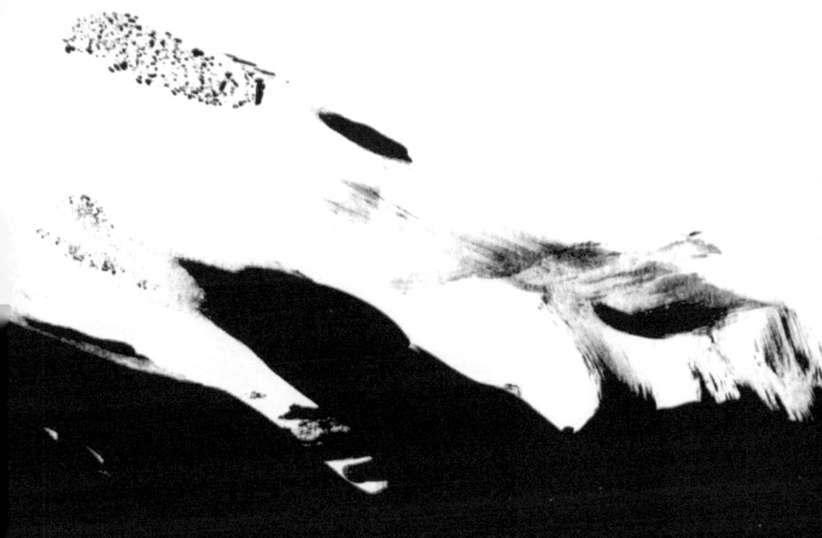

Frappe

Il ne s'agit pas de croire en Toi
Il s'agit de Te connaître

La foi en Jésus Christ ?
Je m'en fiche un peu
Puisque je peux inventer le Jésus Christ
qui me convient
Je peux Te fabriquer à trois côtés égaux
En forme d'ours en peluche
Ou de père que je n'ai jamais eu
Si je ne Te connais pas
Je peux le faire

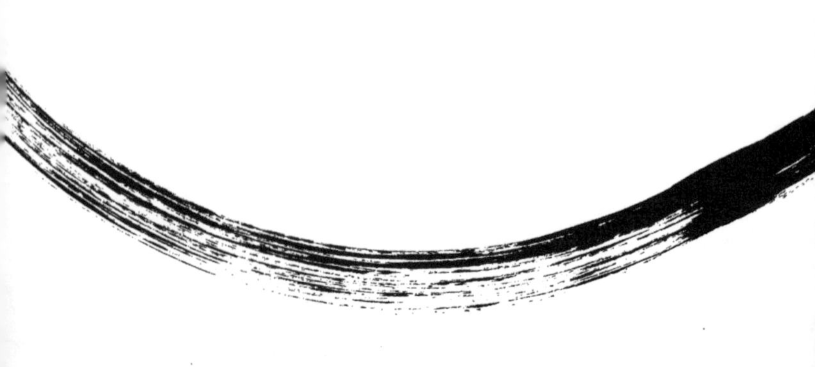

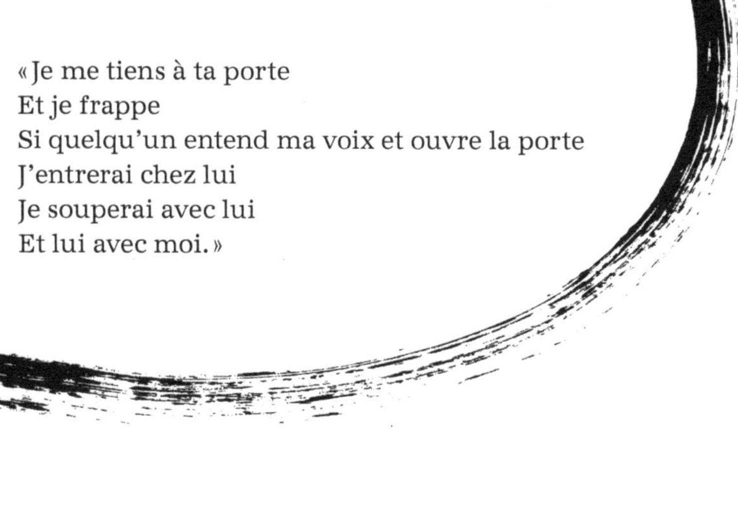

«Je me tiens à ta porte
Et je frappe
Si quelqu'un entend ma voix et ouvre la porte
J'entrerai chez lui
Je souperai avec lui
Et lui avec moi.»

En Te fabriquant ainsi,
ma porte reste close
Moi dedans, Toi dehors
Moi et mes objets,
mes habitudes,
mes certitudes,
mes platitudes

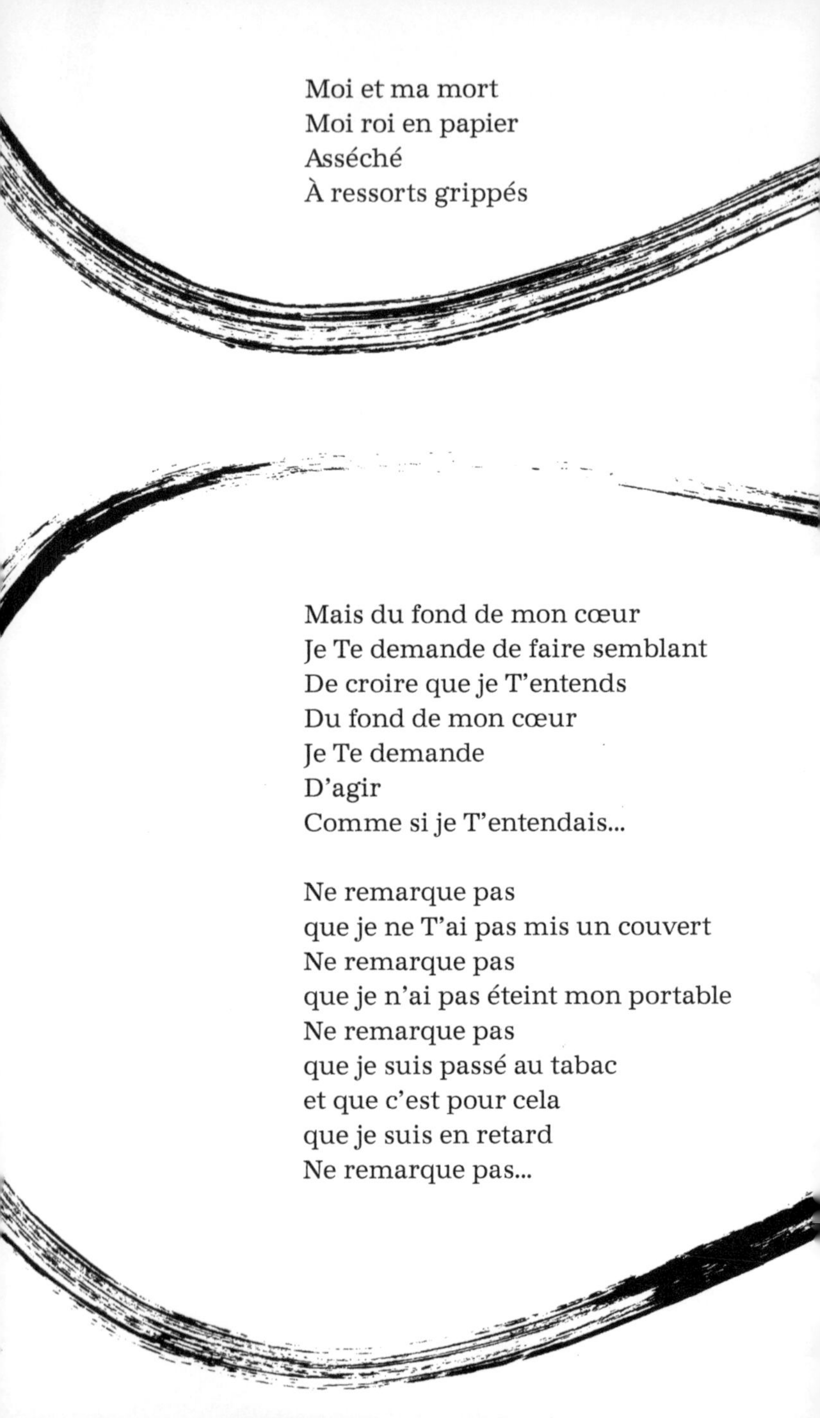

Moi et ma mort
Moi roi en papier
Asséché
À ressorts grippés

Mais du fond de mon cœur
Je Te demande de faire semblant
De croire que je T'entends
Du fond de mon cœur
Je Te demande
D'agir
Comme si je T'entendais...

Ne remarque pas
que je ne T'ai pas mis un couvert
Ne remarque pas
que je n'ai pas éteint mon portable
Ne remarque pas
que je suis passé au tabac
et que c'est pour cela
que je suis en retard
Ne remarque pas...

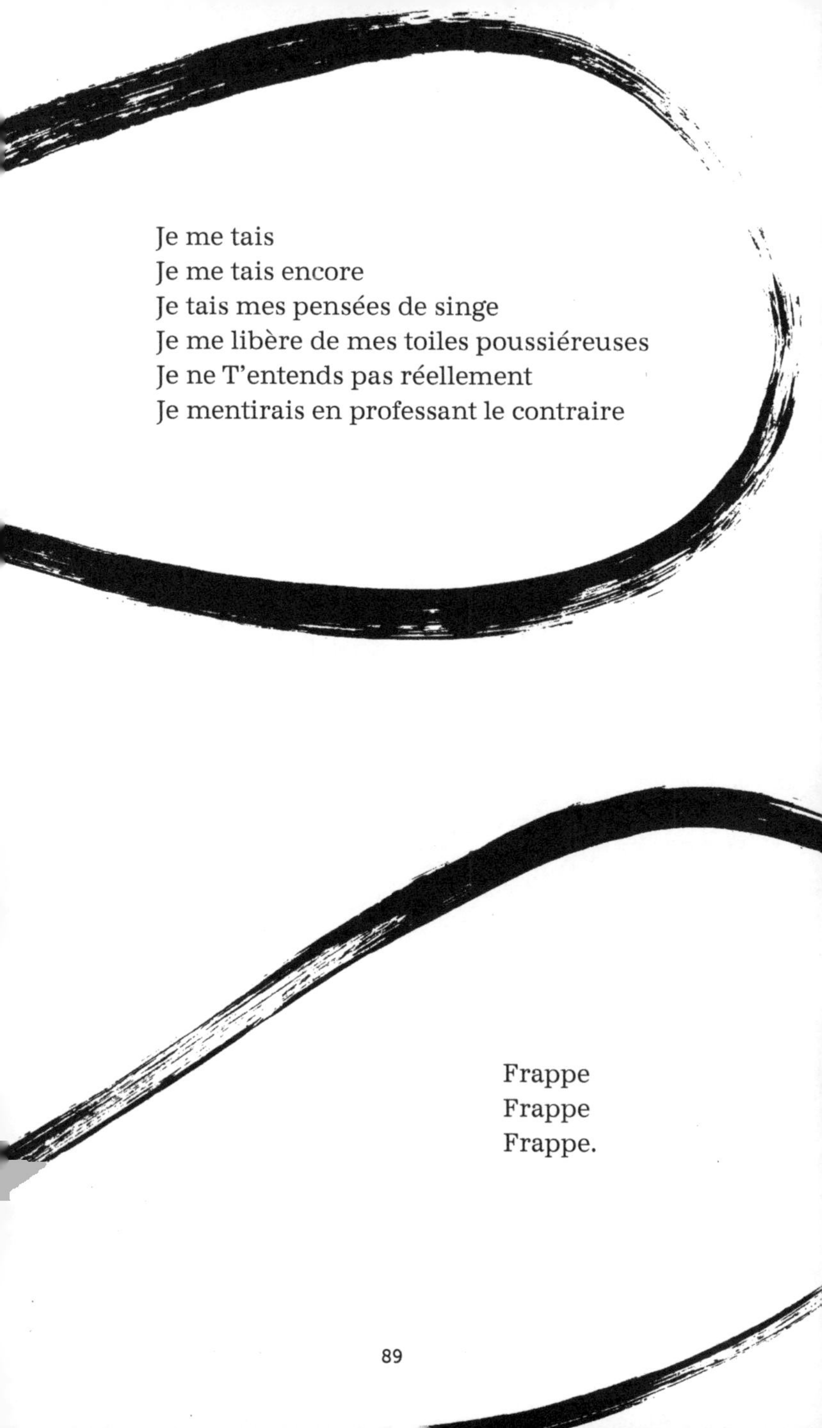

Je me tais
Je me tais encore
Je tais mes pensées de singe
Je me libère de mes toiles poussiéreuses
Je ne T'entends pas réellement
Je mentirais en professant le contraire

Frappe
Frappe
Frappe.

Un

J'ai parcouru le monde
Je suis allé en Orient, en Afrique
Sous les eaux et sur les airs
Et je n'ai jamais perçu la preuve que
Tu aimes la conformité

J'ai battu le pavé des grandes villes
et des petites
J'ai traîné mes bottes dans la boue
Et mes sandales dans le sable
Jamais mon toucher n'a effleuré de clone
De copie vite-fait
car Tu n'avais pas eu le temps

J'ai surplombé les continents
Rampé avec mes sœurs les fourmis
Chaque conglomérat de molécules
est majestueux
Un

Un dans l'Un.

Je me suis éborgné,
mutilé, estropié
Afin que je devienne autre
Je me suis garrotté, maté
Moi qui suis, qui était
et qui sera
Un en Toi, l'Un.

J'ai manipulé ma femme
Afin qu'elle devienne moi
Je l'ai tordue, pliée,
emprisonnée
Elle qui était Un en Toi, l'Un

Un en Toi, l'Un

Un en Toi, l'Un

J'ai battu mon ennemi
Afin qu'il devienne moi
Je l'ai tué
Je l'ai battu et tué, Un
Qui était en Toi, l'Un

J'ai éduqué mon enfant
Afin qu'il devienne moi
Sanctionné ses errements
Lui qui était Un en Toi, l'Un
Je l'ai cloué

Haleine suspendue

Tu es l'instant entre les notes
Tu es la quiétude qui appelle le chant de l'oiseau
Tu es le silence qui donne option au bruit
Tu es l'éphémérité
L'intervalle qui enrobe les arbres
La reconnaissance du moment est Ton souffle
Tu es le libre mouvement de l'enfant
La vision qui n'est pas deux, c'est Toi
Infiniment petit Tu es
À embrasser ma cuirasse Tu as bien dû apprendre l'attente et la patience !
Faute de choix
Tu baignes mes atomes
Vérité sans concession

Le fil de soie est une grossière exagération
que Tu pénètres
Toi, l'absolu, Tu ne peux suffire à Toi-même
Tu ne peux Te contenir
Ta passion créatrice Te possède
Jet brûlant
Cri désespéré de joie jamais assouvie
Faim insoutenable que je comprenne
Ta seule raison
Tu frémis
Tu sont les jambes exaltées
de la danse en rondes
Et Tu Te retiens devant la merveille que je suis
Crochet divin
Haleine suspendue.

Je suis prêtre, pasteur, clergé...

Ne pas abolir le clergé
Nous sommes tous clergé
Chacun en relation avec
Toi, Dieu-Mère
Sans mots, par la vie
que nous sommes
Par la vie que Tu nous donnes
Par le Oui perpétuel

Le ballet de la liturgie est juste
Investi, inspiré, chargé
Nos syllabes sont trop restreintes

Dédier sa vie au bon fonctionnement
de son église est juste
Être à l'écoute, être enseignant,
prédicateur, disponible

Mais rien ne Te remplace
Personne ne peut se tenir
entre Toi et moi
Personne n'est gardien
de Tes portes
Car Tu n'as
pas de portes

La religion, l'église nous
protègent de Toi
Quelle splendide cachette!
Quelle magnifique planque
pour T'éviter
Et pourtant, Tu y es aussi,
aux profondeurs des froideurs
des bâtiments sacrés
Tu y es même dans le cœur
des évêques

Nous sommes Ton prêtre, nous sommes Ton
technico-commercial
Nous sommes Ta sage-femme
Accoucheur du Royaume

Aucune autorité-
quelqu'officielle qu'elle soit
Le credo, le catéchèse, le pape,
la Bible-
Ne remplace l'autorité que
Tu nous donnes à chacun
Si nous voulons
bien prendre la peine de
Nous présenter
nus devant Toi.

Avec tout le respect que je te dois

Mammon
Je ne tuerai pas l'« autre »
Et – sous couverture de ma lâcheté –
je ne laisserai pas tes sbires, ou les miens,
tuer l'« autre »

Créé dans l'image de Dieu
Habité par le souffle du Père-Mère
Poupon dans Sa paume, fils dans Son cœur,
lumière dans Son regard
En appuyant sur la gâchette
je me contorsionnerais de haine
Pour appuyer sur la gâchette
je me contorsionnerais de haine
Pour voler l'« autre », pour mentir à l'« autre »,
pour léser l'« autre », pour haïr l'« autre », pour
exploiter l'« autre »,
pour emprisonner l'« autre »
Je tordrais le miroir que je suis de Dieu
Je piétinerais, écraserais l'image que je suis

Et je piétinerais,
écraserais l'image que l'« autre » est
Je piétinerais, écraserais l'image que
l'« autre » est par moi, avec moi et en moi

La Lumière Éternelle, la Vérité,
la Sagesse, l'Eau
Coule de l'« autre » à moi
et de moi à l'« autre »
À travers Dieu

Un océan sans limites,
des vagues-sœurs infinies
Ne me demande pas de tuer la Mer
Ne me demande pas de tuer l'Air
Ne me demande pas de tuer le Ciel
Ne me demande pas de tuer le Feu
Ne me demande pas de tuer la Terre

J'en suis
L'« autre » en est
L'« autre » en est tellement
autant que moi
Que nous ne sommes pas « autres »

Je ne m'égorgerai point sur tes autels.

Mystère

J'oublie parfois
que je me trompe
J'oublie parfois
de le reconnaître
J'oublie parfois que
le mystère est infini
Que je ne peux l'attraper
Moi seul
Et l'enfiler dans la poche
de mon jean

J'oublie parfois que
je suis relié au tronc
– Et ne peux
en être séparé –
Mais que je ne peux
le posséder

J'oublie parfois que
tous les êtres vivants
Sont reliés au tronc
Et que chaque femme
Chaque homme
Aperçoit la montagne
Sous un angle unique
et divin

J'oublie parfois
Que mon interprétation
individuelle de
la parole Divine
N'est que mon
interprétation individuelle
De la parole Divine.

Mon cadeau à Dieu

Moi, à Dieu, je vais
lui offrir de l'air
comme cadeau

Mais pas n'importe
lequel air :

De l'air qui ne sera
jamais pollué !

(L. 8 ans)

Ce qui nous sépare

Ce qui nous sépare,
Dieuesse,
C'est ce que je veux
Ce que je ne veux pas
Mes désirs montés
en briques
Alors qu'ils ne sont que
futures poussières

Avec ma carcasse
je Te contiens
Mais c'est ma carcasse-
même qui m'entraîne
vers les fonds
C'est elle, elle! qui
entraîne ma mort

Tu m'emplis
Tu es tout ce qui
existe en moi
Je Te combats comme
une bactérie
S'il était possible
de Te chasser
L'on me retrouverait:
Vieille croûte, collant
se décomposant,
capote déchirée

Le Capitole de
mon vouloir
Est mon autel
Cuirassier apeuré
je Te pilonne
Mon mortel est ennemi
de mon immortel
L'alliance fragile qui
est ma vie
Est appelée à se
dissoudre :
Vase, mémoire, peur

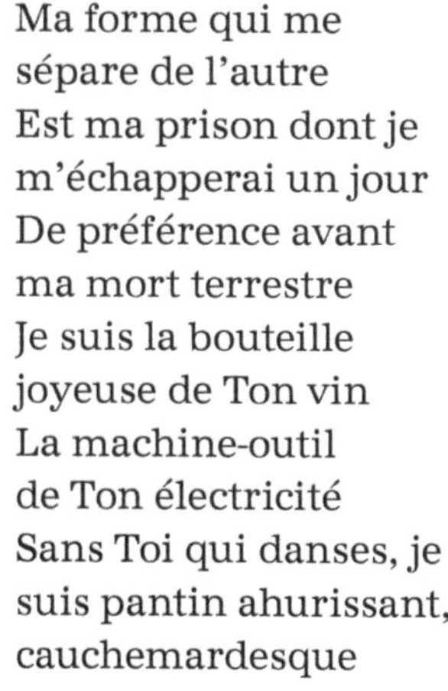

Ma forme qui me
sépare de l'autre
Est ma prison dont je
m'échapperai un jour
De préférence avant
ma mort terrestre
Je suis la bouteille
joyeuse de Ton vin
La machine-outil
de Ton électricité
Sans Toi qui danses, je
suis pantin ahurissant,
cauchemardesque

Je suis tout, mort et vie
Contre Toi et par Toi
Je n'ai qu'à répondre
Oui à Ta question

Je n'ai qu'à l'entendre déjà
Et puis dire Oui

Mes limites muent,
tombent à terre
Ma peau mue, mes
organes muent
Ma volonté dégouline – et
s'évapore au soleil
Dans un râle dernier

Je n'ai qu'à être
Ta question
Ton interrogation
éternelle, divine
Je n'ai qu'à permettre
l'unique choix
À me laisser brûler vif
à Ta lumière

Chevalier blanc
Éblouissant
Mouvement sans
mouvement
Action sans volonté
La royauté du geste
La royauté de ma vie
vidée et insufflée
Mage
Guerrier de l'Un
De l'absolu
Rien de moins ne peut
satisfaire
Ni moi
Ni Toi-Être.

Le père de Jésus a entraîné
Sa famille en dehors de leur patrie
Terrifiée, au cul d'un poids-lourd
Afin de fuir le terrible massacre
perpétré par son roi
Contre tous les nouveaux-nés mâles

La famille de Jésus a vécu
♬tait-ce dans un camp de rétention ?
Exilée, en asile, réfugiée politique, émigrée
Accueillie en pays ennemi et païen
L'Égypte.

Détails

En s'approchant de Bethléem,
à pied ou à dos de mule
Marie était bâtie comme une barrique

Et Joseph, s'il avait eu suffisamment d'argent
Aurait trouvé une chambre dans une auberge
Pour sa femme prête à accoucher

Marie a mis bas dans de la paille
Empruntant de la terre battue
Aux ânes
Aux poules
Et aux rats
Cela sentait le crottin et l'ammoniaque

Marie perdit le placenta
Essuya le poupon fripé
Lui mit des langes
Et l'enveloppa d'une couverture
en laine de chameau ou de chèvre

Les bergers étaient
Des exclus, des marginaux,
des sans-papiers, des migrants
Les mages étaient
Des basanés, des impies, des impurs

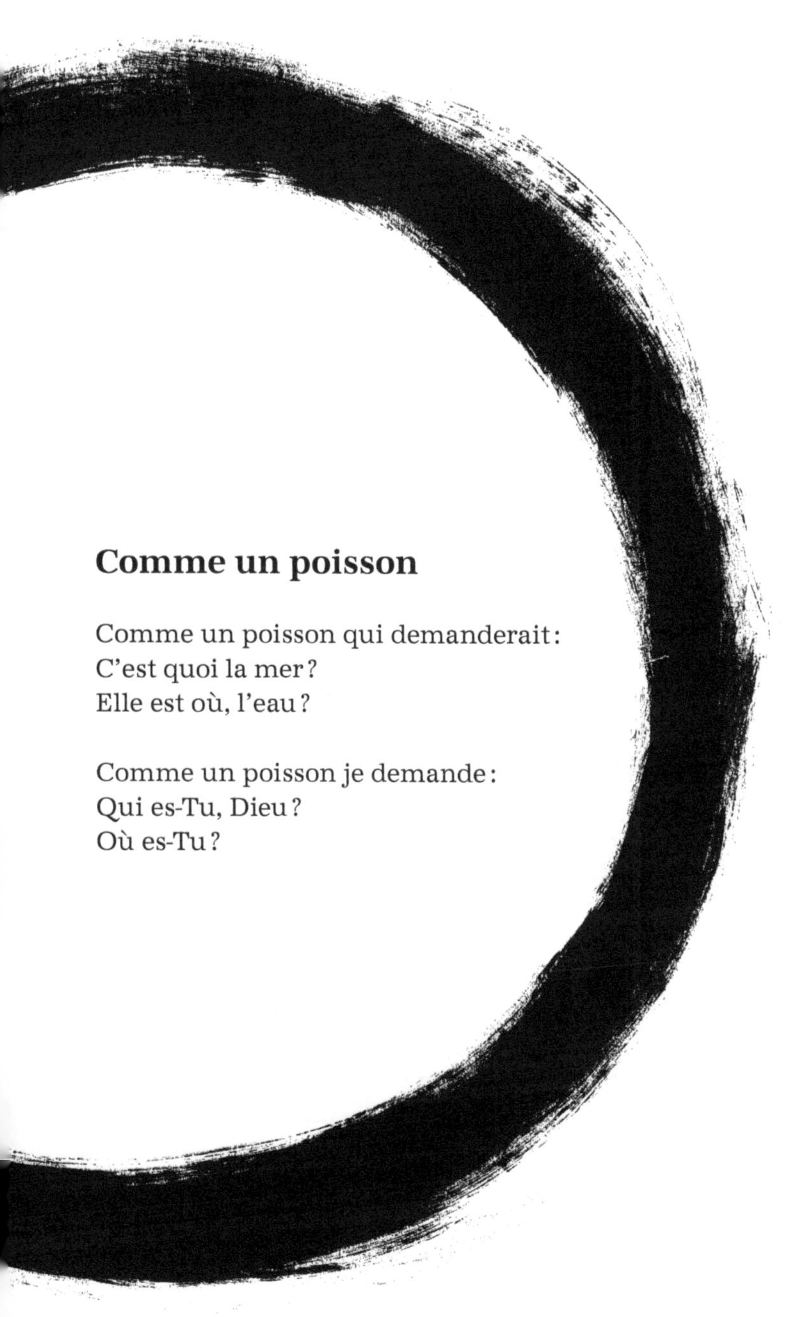

Comme un poisson

Comme un poisson qui demanderait :
C'est quoi la mer ?
Elle est où, l'eau ?

Comme un poisson je demande :
Qui es-Tu, Dieu ?
Où es-Tu ?

Nu-clergé

Avant la chute
Après la chute
Nos vêtements sont arrachés
non par notre vouloir
Mais par nos maladies, nos échecs,
nos humiliations, nos deuils et nos guerres

En lambeaux
Sont le clergé de Dieu-Éternel
Nus-pieds sur terre Tienne
Sans richesse, sans pouvoir, sans instruction,
sans piano à queue
Nu-clergé
Aux pieds écorchés et sales

Avant la chute
J'arrive
Claudiquant, lépreux
Amoureux.

La guerre

Si nous dépensions autant de milliards
À préparer la paix
Que nous dépensons à perpétuer
La guerre...

Scientifiquement difficile de déterrer une raison
pour ne pas le faire

La paix juste à la place de la guerre juste.

Plus coûteux

Tout est
plus coûteux
que Toi

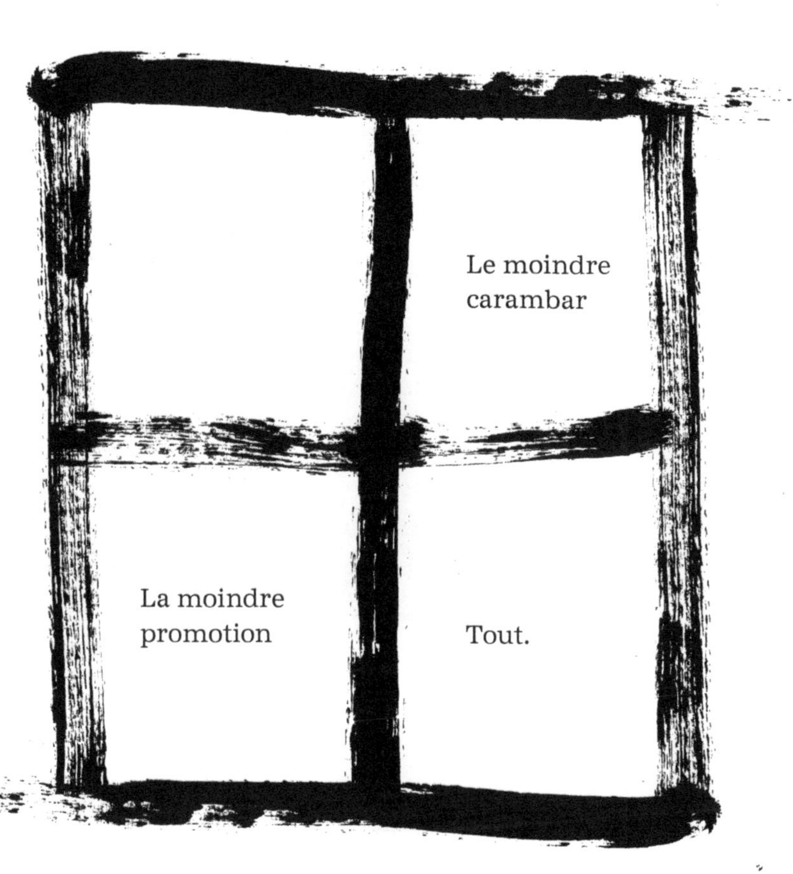
Le moindre
carambar
La moindre
promotion
Tout.

Miracle

Miracle humain :
Je t'honore
De mes rhétoriques
Tu me confirmes dans
Mes pensées
Merci seigneur

Miracle divin:
Mes armures me sont arrachées
Mon savoir disséminé
Mon Moi écartelé
Mort, mort, mort
Tu me murmures
Dans le creux de Ta paume
Ce que
Je sais depuis l'aube des temps
Miracle

Merci Seigneur!

Pas encore déjà

Pas encore déjà

Goutte

Flocon

Perle

Bactérie

Vibration

Balancement
Flux

Silence

Son

Ion universel.

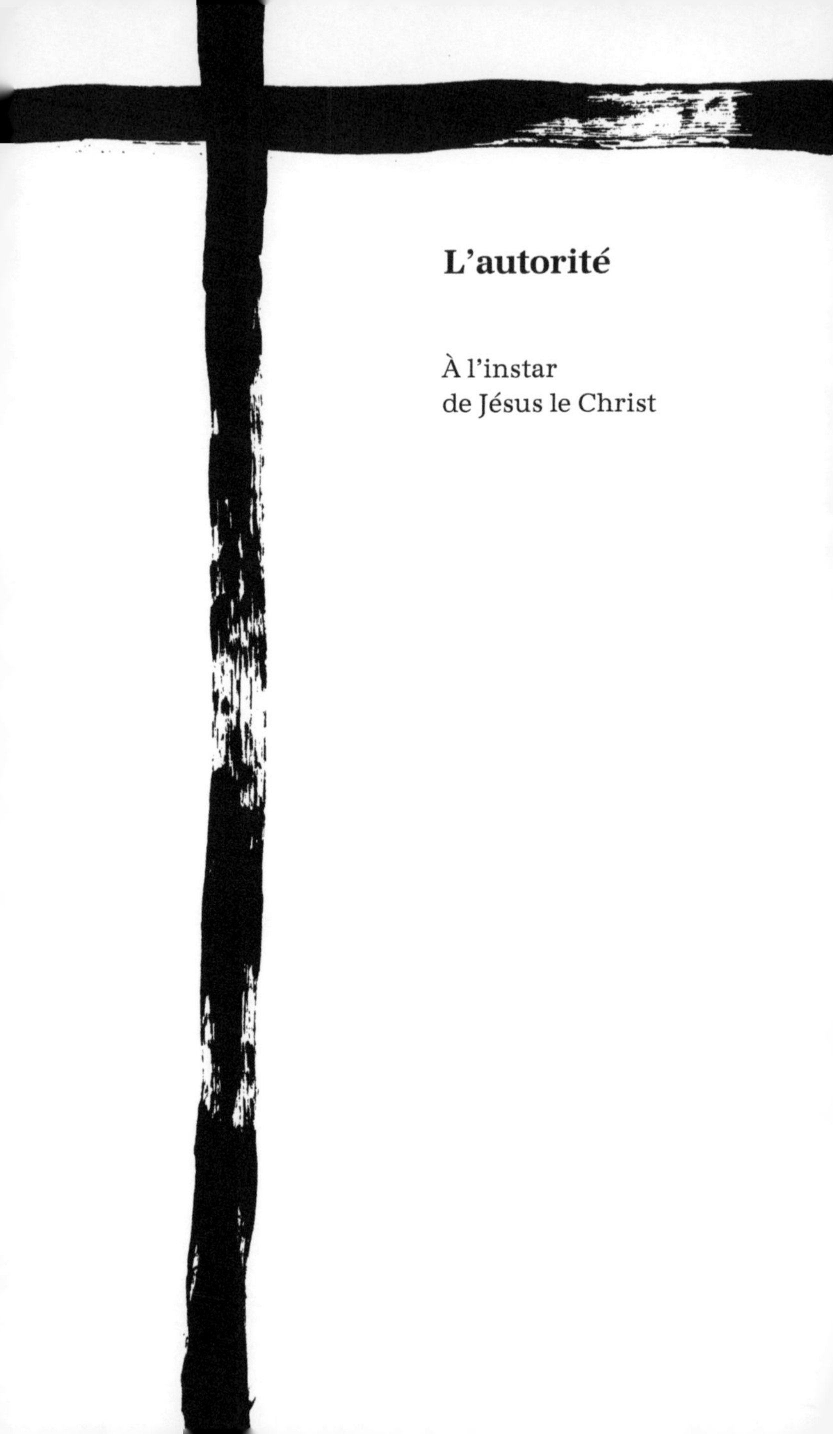

L’autorité

À l’instar
de Jésus le Christ

Le chrétien
questionne l’autorité.

Vierge naissance

Il n'est pas né encore
Il est en Dieu

3 kg 230
Né encore à sa mère
Indétachable
Il est en Dieu dehors
Il débute
Son long chemin vers le retour
Tout ça pour ça ?
Eh oui

Apprendre qu'il ne Te quitte jamais
Quoi qu'il fera
C'est cela l'objectif d'une vie
Le seul parcours qui vaille
Le seul parcours qui soit

Né encore à sa mère
À Toi
Né en Toi à Toi
De Toi le long de la vie à Toi
Maman le verra mourir
Transpercée
Né à partir de Toi d'elle
Tel un voilier
Exode océanique
Sur le tréfonds qui est Toi seul

Né encore aux débuts
Avant le tohu-bohu
Né encore du silence absolu
Du non-mouvement intégrant
tous-mouvements
Né déjà
Demain

Enfant
Vierge
De naissance éternelle
Enfant porté
Accueilli
Mais non appartenant
Vierge Naissance
Neuf mois
Conduits
Aiguillés par Ta marée

Enfant non-mien
Dégobillé dans l'écume
Ou sur le sable
Endormi pas né encore
Endormi en Toi confiant
Endormi pas né encore insouciant fragile

Étoile de l'univers
Étoile brillante
Éclat minuscule infini de Toi

Depuis la toute-couleur des temps.

Fleuron de Dieu

Pour naître j'éclos du Tout Éternel
Pour vivre je rayonne
à partir du Tout Éternel
Pour mourir je retourne
dans le Tout Éternel

Dès que je suis conçu
Je suis le fleuron de Dieu
Je suis oint
Ma seule responsabilité :
être moi, seul et unique
Je suis ordonné
Pour quoi faire ?
Pour être moi, seul et unique

Non le moi que veut ma famille
Non le moi que veulent
mes collègues, mes amis
Non le moi que veulent la société,
mon pays, mon église, mon école
Non le moi que je fantasme...
Le moi que la Création entière
attend en gémissant

En m'insufflant de ma liberté
Tu me fis prêtre, prêtresse
Au service de Ta Création
Libre en Toi, Seule Liberté

Ton humanité

Tu ne fais pas cas de Ta divinité
Tu Te fais plus petit que moi
Fripé
Tu m'as appelé frère

Tu ne m'apprends rien que je ne sais déjà
Dans le fond de moi
Là où Tu te caches

Comment Te connaîtrais-je
Si Tu m'étais entièrement étranger ?
Comment ne Te connaîtrais-je point
Si je suis issu de Toi ?

Les anges habitent sur terre
Ils arrachent les vantaux de mon cœur

Ta divinité est dans le poisson grillé
que Tu cuisines
Dans le lavement des pieds
Dans le vin bu
Les sourires offerts
Le pain partagé

Le dur est d'être humain comme Toi

Humain en vie
Vivant vivant
Investi dans chaque éternité présente
Conscient du réel ; non égaré dans le rêve

Mes cogitations s'accrochent
aux barbelés de ma vie inventée

Tu es mouvement
Ton corps immobilité et mobilité absolues
Ta pensée ferme comme de l'eau
Indissociables de la seule Sagesse

Tu es dans Ton corps la Vie
Ta vie est une croix cristalline
Ton eau est profonde,
insondable à mes yeux, fraîche
Tu me touches donc je suis
Tu me regardes donc je brille
Tu m'aimes donc j'éclos

Dans chaque humanité veille le feu entier
Le pouvoir terrifiant de l'abandon de soi
Le foisonnement de la Création

L'éternité.

« Il y eut un soir, et il y eut un matin :
ce fut le premier jour. » (Genèse 1:5)

La journée démarre le soir.
Est-ce une contradiction ?
Pour nous occidentaux, oui.
La journée démarre le soir.
La journée démarre à la tombée de la nuit, au coucher du soleil, au moment où l'on a posé nos outils, posé nos intellects. Au moment où l'on soupe, fatigué, satisfait ou non que notre activité se termine. La journée démarre au moment où l'on cesse de s'agiter, l'on cesse d'organiser et de prévoir, l'on cesse de diriger ; au moment où l'on se délasse, que l'on s'assoupit. La journée démarre au moment où l'on enlève nos épaisseurs de vêtements, la veste, le pull, la robe, le pantalon ; que l'on enfile une chemise de nuit, un pyjama, ou que l'on se glisse tout nu sous les couvertures. Que l'on cogite quelques instants aux derniers événements, à nos labeurs, aux vingt-quatre heures à venir, que l'on rêvasse, que l'on fasse l'amour peut-être. Et que l'on s'endort.
La journée démarre lorsque l'on s'endort.

La journée démarre lorsque nos intellects sont au sommeil, sont au repos : nos mentaux et nos bras et jambes affairés se sont abandonnés entre l'étreinte de la nuit, de la Lumière infinie, du murmure de Dieu. La journée ne démarre pas avec nous, elle démarre avec Dieu. Six ou huit heures de Dieu. Six ou huit heures où Dieu peut nous toucher, nous pétrir, nous souffler des mots d'amour. Six ou huit heures où c'est Dieu qui fait, pas nous. Où c'est Dieu qui agit, pas nous. Où c'est Dieu qui parle, pas nous. Dieu qui ruisselle, pas nous qui martelons.

Et c'est seulement lorsque la Lumière profonde aura brillé pendant notre nuit involontairement donnée, six ou huit heures, que nous pourrons poursuivre la journée, entamer le matin, mettre en place ce que nous aurons entendu, devenir les bras et les jambes allants et quiets de Celui/Celle qui nous demande tout. Ne pas oublier que l'écoute vient en premier, le service vient en premier – et non notre agenda personnel. Ne pas oublier que ce n'est pas notre volonté qui compte, mais Sa volonté pour nous, Lui/Elle qui nous connaît mieux que nous-mêmes. Et sans aucun doute, qui nous aime mieux que nous-mêmes. Ne pas oublier que c'est à partir de l'abandon en Lui/Elle que notre activisme peut prendre sens, que nous, fruits, pouvons mûrir,
nous emplir de couleur et de goût.

Je ne peux me faire mûrir moi-même.

Lors de nos Assemblées, les Quakers tâchent de déposer leurs armes. Nous déposons nos mots, nos plannings, nos projets et nos intentions. Nous arrivons : chacun, chacune. Nous n'arrivons pas vierges, nus, ni neufs ; nous arrivons rayés, tachés, en état partiel de fonctionnement – avec tout un tas de fourbi comprimé dans nos besaces. Mais nous avons coupé notre bande-son.
Et nous essayons de ne pas trop le regretter.

Nous nous posons en cercle, autour d'une petite table, d'un tabouret – où se trouvent placés un bouquet et une bible, et qui sait, un volume de poésies que quelqu'un aura voulu positionner là, au hasard d'un regard.

« En priant, ne multipliez pas de vaines paroles... Ne soyez pas comme les hypocrites, qui aiment à prier debout dans les synagogues et prier debout dans les rues, pour être vus des hommes. » (Matthieu 6:7 et 5)

Un profond chemin ne saurait se faire sans un parcours vers l'humilité, un détachement du « moi, je... ». Nous nous posons en cercle, en silence, et nous écoutons : pas un tremblement de terre, un grand feu ou une tempête, nous tâchons de percevoir la plus légère des brises. Nous n'écoutons pas seuls, car nous sommes renforcés par l'autre, car le Temple est en l'autre comme il est en moi, et une demi-douzaine (ou davantage) de Temples rassemblés, tous à l'écoute du Saint des Saints, procurent un silence unique, solide, tangible. Parfois.

Et c'est pourquoi nous n'émettons pas de bénédiction au moment des repas, mais laissons un moment de silence au sein même du repas. Où chacun peut se remémorer qu'il n'est pas seul responsable de son état, de sa présence, de la nourriture sur sa table, de là où il demeure et évolue.

Et du fond de ce silence des paroles peuvent clore. Des paroles à exprimer pour soi, ou des paroles à envoyer comme des papillons ou des caillasses, destinées par Lui/Elle à un cœur que nous n'avons pas nous-mêmes choisi. Des paroles simples, courtes, profondes, des paroles parfois presque silencieuses - qui ne proviennent pas de mon esprit accaparant mais... d'ailleurs, de là que je n'ai pas prévu.

Ou bien, nous recevons les mots d'un autre - et ils sont la réponse à une question que nous nous posions ou que nous ne nous posions pas. Et nous sommes touchés.

Comme pendant l'abandon de la nuit. Le shabbat. La Création.

« Ne savez-vous pas que vous êtes le temple de Dieu, et que l'Esprit de Dieu habite en vous ? » (1 Corinthiens 3:16) Et est-ce que Dieu babille ? Est-ce que Dieu médit ? Est-ce que Dieu dit : « C'est lui qu'a commencé ! » Est-ce que Dieu est moqueur, mesquin, radin, hargneux, grippe-sous, et obsédé par sa personne ; est-Il/Elle terriblement attaché(e) aux biens matériels ? Est-ce que Dieu - à un moment de l'histoire où il ne reçoit pas tout à fait tout le pétrole qu'il voudrait - bombarde ses enfants ? Est-ce que Dieu dit : « Mes enfants-ci, je les aime beaucoup beaucoup, et Mes enfants-là, ce n'est pas bien grave si on les prostitue, les vend, les pille et les pilonne - ou encore, les ignore » ? Afin de nous donner Sa paix, Dieu appuie-t-Il/Elle sur la gâchette, parfois ?

Pouvez-vous imaginer le « visage » de Dieu au moment où Il/Elle appuierait sur la gâchette ? Pouvez-vous imaginer son « cœur » ?

Pouvez-vous imaginer le mien ou le vôtre ?

Contrairement à ce que l'on pourrait croire, l'engagement des Quakers, depuis le début de leur histoire (autour de 1650), envers la Paix, la Paix dans toutes ses formes, la Paix entre nations, entre familles, entre voisins, entre religions, entre hommes et femmes - la Paix juste, non simplement l'absence de guerre - prend ses origines, non dans la conviction quaker que la Lumière divine se trouve dans chaque être humain et puisque chaque être est le Temple de Dieu, une création et une manifestation de Dieu, nous ne sommes autorisés ni à tuer, ni à exploiter, ni à voler la manifestation divine qu'est l'autre.

Non.

Cela est évidemment vrai ; mais ce n'est pas pour cela que nous refusons les non-voies de la violence.

Ce n'est pas parce que l'autre est le Temple de Dieu – même s'il l'est.

C'est parce que moi je suis le Temple de Dieu. Que le Saint des Saints est en moi. Et je ne peux corrompre, je ne peux pourrir, déformer, polluer, prostituer, piller, pilonner le frère ou la sœur en Dieu que je suis ; je ne peux torturer, crucifier le Souffle qui est en moi... à un tel point que je serais capable d'appuyer sur une gâchette.

Car j'ai demandé si vous pouviez imaginer l'état de mon cœur au moment précis ou je tuerais. Au moment précis ou je commanditerais l'assassinat. Au moment précis où j'ignorerais toutes les conséquences de mes actions et de mes non-actions. Au moment où je haïrais, convoiterais, jalouserais, m'autosuffirais, me déresponsabiliserais... suffisamment, pour pouvoir éliminer une autre vie humaine.

L'esprit de Dieu demeure en moi (quelque part) : quelle haine, quelle hargne devrai-je faire naître, nourrir, arroser, pour pouvoir Le ligoter, Le suffoquer, Le noyer, L'affamer, L'étouffer si totalement, me rendant ainsi capable d'assassiner

ou faire assassiner une autre Créature de
la Création Perpétuelle, que j'aurai
réduite dans mon mental tout personnel
à un moins-qu'humain ?
Moi, sarment de la Vigne de la Vie, ne peux tuer.
Sinon, je ne suis plus sarment de la Vigne
de la Vie.

Moi, sarment de la Vigne de la Vie, je ne peux me
sectionner de l'arbre-même où je pousse.

Tout es sacré, tout est entier, même les affaires

« Jacob s'éveilla de son sommeil et il dit : Certainement, l'Éternel est en ce lieu, et moi, je ne le savais pas ! » (Genèse 28:16) Jacob, grand escroc de la Bible, s'étonne de ne pas être au courant des derniers « déplacements » de Dieu-l'Éternel. Lui, Jacob, qui, comme nous, manigance et manipule – tout !

Et pour le coup, à sa découverte de la présence divine aussi ici, dans ce lieu perdu, il dresse un petit tas de pierres en monument-autel.

Son grand-père avait agi de même : ériger des amas de pierres dans le désert. En autel.

Je découvris avec bonheur un jour (...), en plein milieu d'une impressionnante basilique, un espace carré vide cloisonné derrière quatre chaînettes. Au centre, un écriteau affichait : « Espace sacré : Défense d'entrer ».

« Et voici, le voile du temple se déchira en deux, depuis le haut jusqu'en bas. » (Matthieu 27:51)

Dans le jardin d'Eden, avant la « chute », il n'y avait pas de temple, pas de religion ; Dieu et Adam et Eve parcouraient le jardin côte à côte. Au dernier livre de la Bible chrétienne, la Révélation, au verset 22 de l'avant-dernier chapitre, il est précisé qu'il n'y a point de temple dans la nouvelle Jérusalem.

Il n'y a pas de sacrements chez les Quakers, pas même la bénédiction du mariage ; il n'y a pas de baptême, non plus.

Il n'y a pas d'églises, mais des « Meeting Houses », ou tout simplement, des Amis qui se réunissent dans leurs domiciles. Il n'y a pas d'Eucharistie.

Car tout est saint, tout est entier.

Et bien sûr, nous n'avons pas de pasteurs non plus (du moins parmi les Quakers européens), car : « Je mettrai ma loi au-dedans d'eux, je l'écrirai dans leur cœur. » (Jérémie 31:33). Car dès que deux ou trois sont assemblés en son nom, le Christ (et la loi) est présent : nul besoin d'un clergé.

Pour le coup, même le quotidien est entier.

Et cela comprend les « affaires » : les décisions, le matériel, l'organisation... Nous ne nous reposons pas sur un prêtre ou un roi pour diriger nos affaires, puisque nous ne reconnaissons l'autorité ni de l'un ni de l'autre. Je suis frère ou sœur en Christ et suis donc aussi bien équipé(e) qu'un autre a priori pour prendre des décisions et des initiatives qui me concernent.

Cependant, mon « âme de pécheur », mon ego, est toujours là, se dissimulant en embuscade ou fanfaronnant comme un Président de la Ve République. Les Quakers n'ont pas cru dans un « libre arbitre » en dehors d'une véritable discipline spirituelle.

De là, nos assemblées hebdomadaires de recueillement et de prière autour du silence ; nous sommes chacun seuls en Dieu (1 Corinthiens 3:16), mais nous serions bien capables de semer la pagaille tout en nous convainquant d'être les administrateurs privilégiés de Dieu, si nous ne nous rabattions pas régulièrement sur une pratique enracinée dans le regard critique et le soutien aimant de sa communauté dans le Christ.

De là aussi, nos assemblées de recueillement et de prière pour les affaires. Nous n'avons pas recours à une hiérarchie décisionnelle : aucun directeur, doyen, ni principal. Nous n'avons pas recours au vote non plus, que cela soit à main levée ou par isoloir interposé ; en cela, les Quakers ne sont pas des démocrates.

Nous utilisons un procédé, désormais pluriséculaire, ancré autour du... silence.

De nouveau, reconnaissant que le « naturel » nous pousserait à chercher à influer sur un vote ou sur un dirigeant - dans l'optique de faire vaincre notre point de vue - nous préférons chercher, à la place, le « sens » exprimé par l'assemblée.

Lors de nos assemblées pour les affaires, nous nous efforçons de parler avec brièveté si cela est possible.
Nous nous interdisons de répéter ce qui a déjà été dit par soi-même ou par un autre - ce qui aurait comme but d'appuyer notre camp.
Nous laissons un silence profond à la suite de chaque intervention.
Nous apportons les nuances lorsque celles-ci nous semblent importantes.
Nous restons en silence et tenons à la Lumière

les secrétaires d'assemblées (qui n'ont aucun rôle d'autorité mais qui ont simplement une bonne pratique de cette pratique…) qui rédigent les minutes, le « sens » qu'ils/elles ont cru repérer dans l'ensemble des témoignages.
Nous accueillons ces minutes en silence.
Nous émettons des précisions, des critiques parfois.
Ils/elles prennent celles-ci en compte s'ils/elles pensent se rapprocher davantage encore du « sens ».
Le silence.
« La création tout entière gémit maintenant encore dans les douleurs de l'enfantement. » (Romains 8:22)
Et lorsque le/la secrétaire demande si les dernières minutes reflètent le sens de l'assemblée, nous ne répondons pas par un « oui » ou par un « non », mais par : « J'espère que oui ».

En quelque sorte, les prémices de la théologie quaker prennent leurs origines dans le regard noir et plutôt pessimiste du Protestantisme du XVIIe siècle ! L'ensemble des sectes - dont les Quakers - qui ont vu leur naissance, et souvent leur disparition, en Angleterre pendant cette période, prêtait une grande importance, et aussi une grande confiance, à l'Esprit-Souffle-Loi, qui était placé dans notre cœur. Et très peu de crédit à notre volonté propre, notre « chair », mental, ego, pour accomplir l'œuvre de Dieu : « Car je ne sais pas ce que je fais ; je ne fais point ce que je veux, et je fais ce que je hais. » (Romains 7:15)

Les Quakers n'éprouvaient pas une grande confiance dans les institutions de l'Eglise anglicane, à tous ses niveaux : que cela soit dans la personne des prêtres et des évêques, le fonctionnement hiérarchique, ou l'enseignement-même de l'Eglise qui leur semblait beaucoup trop teinté par les considérations de ce « monde » : « Vous ne pouvez servir Dieu et Mammon » (Matthieu 6:24), et pour les Quakers, les pouvoirs anglicans, puis catholiques et protestants, leur donnaient l'impression d'avoir fait le mauvais choix.

L'emphase puritaine mise sur notre « âme de pécheur » n'a pas poussé ces chercheurs à créer une église meilleure, dont les nouveaux dogmes remplaceraient avantageusement les anciens ; nous ne nous sommes jamais appelés « Église », mais la « Société Religieuse des Amis ». Comme les Cathares quelques siècles auparavant, les Béguines, et d'autres sectes plus ou moins intéressantes, ils ont cherché à mettre en place une vision révolutionnaire, un Royaume ou pré-Royaume, une fraternité, une société, véritablement ancrés dans l'expérience du Christ ; et pour cela ils ont voulu se libérer d'une foi légiférée et centralisée. Ils ont voulu que la vie et la mort et la résurrection de Jésus le Christ soient au centre de leurs communautés, et non une quelconque nouvelle « machinerie humaine », élevée et mise en place par nos « volontés pécheresses ». Ils se sont méfiés des convenus, des préétablis, des « ordres établis », de la parole frivole, mais aussi et surtout de la parole... imposée.

Car si certains acteurs de la Réforme avaient voulu déposer le pouvoir de la papauté, les luthériens, puis les calvinistes, et bien sûr les anglicans, avaient souhaité imposer leur vérité incontestable à la place. Et si Cromwell avait déposé la Royauté, c'était pour y ériger sa propre intolérance.

Dans notre histoire, nous n'avons jamais cherché à prendre le pouvoir, à déposer ceux en place, « Nous sommes des serviteurs inutiles, nous avons fait ce que nous devions faire. » (Luc 17:10) Si je cherchais à vous imposer mon « bien », je ne ferais que perpétuer le mal, comme l'ont fait maints réformateurs ou révolutionnaires avant moi. « Ne jugez point, et vous ne serez point jugés ; ne condamnez point, et vous ne serez point condamnés ; absolvez, et vous serez absous. » (Luc 6:37) « Pourquoi m'appelles-tu bon ? Il n'y a de bon que Dieu seul. » (Marc 10:18)

Je n'ai pas à juger, et je n'ai pas à me trouver meilleur que les autres. Nous, les Quakers, avons notre voie propre, unique - et ne pouvons savoir à la place de Dieu la voie de l'autre. La forte présence historique « sociale » des Quakers, envers la résolution non armée des conflits, pour l'abolition de l'esclavagisme, en faveur des personnes atteintes de maladies psychiatriques, pour l'amélioration des conditions pénitentiaires, voire pour l'abolition des prisons, et - plus récemment - auprès des Nations Unies, du Parlement européen, leurs rôles fondateurs dans Greenpeace, Amnesty International, l'Acat, le service civil/objection de conscience, n'ont pas comme ambition de convertir « le monde » à notre façon de voir, mais au contraire une volonté profonde et « théologique » d'explorer et approfondir les droits de, et le respect envers, l'autre en toute sa différence.

Pour mieux connaître les
Quakers en France,
veuillez consulter le site :
www.quakersenfrance.org

Il existe une bonne présentation
de la Société religieuse des Amis sur
www.fr.wikipedia.org

Le Sermon sur la Grande Butte

EVANGILE DE MATTHIEU

CHAPITRES 5 À 7

par

E.G. Callcut

la Bible en français actualisé

L

la Bible en français actualisé

BANLIEUE BIBLE

NOËL DANS LE NORD-PAS DE CALAIS

Evangile de Luc, Chapitres 1 à 2

E. G. Callcut

L

BANLIEUE BIBLE

Banlieue Bible resitue les textes de la Bible non seulement dans un langage actuel mais aussi un contexte actuel. Tout en restant aussi proche que possible des phrases et de la structure d'origine, elle tente d'imaginer comment Jésus, Paul ou d'autres « écrivains » de la Bible auraient communiqué avec nous, maintenant, dans notre culture occidentale, postmoderne, technologique.

Le résultat est décapant, bouleversant !

Pour l'instant, il existe deux volumes de Banlieue Bible :

- *Le Sermon sur la Grande Butte*
- *Noël dans le Nord-Pas de Calais*

dépôt légal : juillet 2015

www.ingramcontent.com/pod-product-compliance
Ingram Content Group UK Ltd.
Pitfield, Milton Keynes, MK11 3LW, UK
UKHW041952190726
13854UKWH00005B/1922

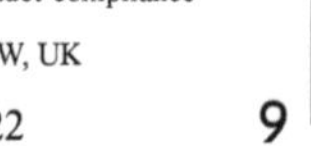